AF581823

RÉTABLISSEMENT
DU RÉGIMENT
DES GARDES-FRANÇAISES,
ADRESSE
A LA NATION.

L'eſtime qu'on obtient répond de nos vertus.

Par M. WAUDIN, Avocat en Parlement, Paroiſſe Saint-Germain-le-Viel.

1789.

RÉTABLISSEMENT DU RÉGIMENT DES GARDES-FRANÇAISES.

ADRESSE A LA NATION.

L'IMPORTANCE du ſervice que nous avons reçu de la part du Régiment des Gardes-Françaiſes, exigeant de nous une reconnoiſſance proportionnée à ce ſervice, il ne nous reſte que le choix des moyens de nous acquitter dignement de cette reconnoiſſance; & de la concilier avec notre gloire, notre intérêt, & le bien de l'État,

N'oublions pas que l'Europe entière a les yeux ouverts sur nous: n'oublions pas que notre insurrection donne, autant & plus encore d'effroi, aux Puissances étrangères, jalouses de nos succès, qu'à nos ennemis domestiques: que si nous sommes capables de conserver cette fermeté, ce courage, ce Patriotisme éclairé, qui nous ont distingués & fait vaincre, jusqu'à ce jour, nous allons devenir, en même-tems, le Peuple le plus libre, le plus riche, le plus puissant, & le plus heureux de la terre. Mais n'oublions pas aussi que nos sentimens, comme nos actions, seront un jour jugés au Tribunal des Nations; montrons-nous régénérés de toutes les manières; & ne souffrons pas que la plume de l'Écrivain, qui tracera notre Histoire, dise de nous: « Ils ont été fermes, courageux, Pa-» triotes; mais, toujours inconséquens & » légers, ils ont méconnus leurs véritables » intérêts, & ils ont été des ingrats ».

En effet; où sont-ils, ces braves Gardes-Françaises, qui nous ont si bien aidés à sauver la Patrie de sa ruine, & à recouvrer notre liberté? Où sont ils, ces dignes Patriotes, qui nous ont si noblement fait l'offre de leurs ſervices & de leurs vies : qui, réſiſtans à des ordres perfides; & ſans autre intérêt que celui de la gloire, & de ſecourir la Nation, ſont accourus ſe joindre à nous, pour trancher les têtes de l'Hydre monſtrueux qui menaçoit de nous dévorer?

Paroiſſez, Gardes-Françaiſes! venez âmes généreuſes; venez recevoir de nos mains, & la récompenſe de votre valeur, & la couronne dûe à votre Patriotiſme.

Venez ajouter ce qui manque à notre courage; venez-nous apprendre à ſervir une Patrie que vous avez ſi bien défendue: & après nous avoir aidés à vaincre; venez, par vos leçons, nous aſſurer, pour jamais, les fruits de la victoire.

Mais hélas! ils ne ſont plus. Des ordres ſupérieurs les ont diviſés; un Congé général, émané du Souverain, en a diſperſé une grande partie. Les uns, preſſés de retourner dans leurs familles, ont profités de ce Congé: les autres, fidèles à un pays qui avoit encore beſoin de leurs ſervices, y ſont demeurés. Libres de leurs anciens engagemens; libres de retourner chez eux, la voix respectable de notre Colonel les a retenus. « Il annon-» çoit qu'il ne vouloit que des gens de bonne » volonté ». Les Gardes-Françaises en avoient-ils jamais manqué ? Ils ont cru faire un nouvel acte de Patriotisme, que de s'offrir, comme Volontaires, dans les Troupes soldées, qu'on devoit établir pour l'assistance de la Garde-Bourgeoise ; on a refusé leurs offres; on ne leur a laissé que le choix, ou de se retirer, ou de prendre de nouvelles chaînes, en contractant un engagement de quatre ans (1). On a eu l'air de se défier d'eux, comme s'ils ne s'étoient pas suffisamment faits connoître à nous. On a craint leur indiscipline, comme s'ils ne se soumettoient pas aux réglemens, pendant tout le tems de leur nouveau service. On a craint de perdre leurs habits nouveaux, s'ils se retiroient au bout de l'année ; comme si une perte de vingt à vingt-cinq mille livres, au plus, étoit une objet immense pour nous ; comme si une

(1) Je déclare ici hautement que ça été, contre mon opinion, publiquement dévelopée dans l'Assemblée du District de Saint-Severin.

appréhenſion, auſſi puérile & auſſi meſquine, étoit faite pour contrebalancer notre reconnoiſſance & notre gloire. Enfin, ſoit par un coup de politique, ſoit par un mouvement trop peu réfléchi, on a diſſous, on a annéanti, pour jamais, le Régiment des Gardes-Françaiſes; ce brave Régiment de Patriotes; ce Régiment auquel nous devons notre ſalut & notre liberté; non-ſeulement, par les ſervices incroyables que ſes Soldats nous ont rendus; mais encore par l'exemple Patriotique qu'ils ont donnés aux Troupes qui nous aſſiégeoient (1).

Ne ſemble-t-il pas même qu'on ait affecté d'éteindre juſque, au nom des Gardes-Françaiſes? nom reſpectable, nom cher & précieux, qui n'en ira pourtant pas moins à la poſtérité. On ſemble renvoyer ceux qui peuvent ſe paſſer de ſervir, & l'on incorpore

---

Les Troupes qui aſſiégeoient Paris, avoient les yeux fixés ſur les Gardes-Françaiſes. Si les braves Soldats de ce Régiment ne ſe fuſſent pas déclarés pour la Patrie, nous ſerions eſclaves, ou nous ne ſerions plus.

les autres dans une Milice soldée, élevée à grands frais; & dont nous n'aurions pas eu le moindre besoin, si nous eussions assez bien connus nos intérêts pour conserver un Corps, ptécieux à la race présente, par l'assurance de ses services, & plus précieux encore à la race future, par le souvenir de sa bravoure, de son Patriotisme & de sa fidélité (1).

Or, je vous le demande, ô mes amis! ô mes Concitoyens! croyez-vous que ce trait de notre Histoire, soit fait pour nous acquérir beaucoup d'honneur? Croyez-vous qu'en lisant ce passage de nos Révolutions, nos Successeurs nous accordent le dégré d'estime & de gloire que nous nous efforcons de mériter? Croyez-vous qu'ils soient bien contens de nous, en apprenant que c'est au Régiment des Gardes-Françaises; au noble exemple qu'il

---

(1) On se plaint des Gardes-Françaises; on les accuse d'être trop attachés au numéraire. Voici ma réponse : « Quand on ne sait pas employer la » monnoye des honneurs pour récompenser le mé» rite, il faut bien le payer avec de l'argent ». La leçon est ancienne; & n'en est pourtant pas mieux suivie.

a donné aux Troupes, appellées pour nous égorger, qu'ils doivent leur ſalut & leur liberté; & que nous avons été à la fois, & aſſez mauvais politiques, & aſſez ingrats, pour ne nous le pas conſerver? Que ſavons-nous ſi nous ne le regretterons pas dans un an, dans ſix mois, dans quinze jours, & demain, peut-être? . . . . Que ſavons-nous, enfin, ſi nos arrières neveux, moins heureux & moins protégés que nous, ſans forces, & gémiſſans ſous l'oppreſſion, ne ſe diront pas un jour: « *Nous ſommes eſclaves. Hélas! ſi le* « *Régiment des Gardes-Françaiſes eût exiſté,* » *nous ſerions encore libres!* »

Français! je ne dis rien de trop. L'Hiſtoire nous apprend que des Peuples que nous voyons aujourd'hui courbés ſous le Deſpotiſme, & avilis aux yeux de toutes les Nations, ont été autrefois les plus grands, les plus puiſſans de la terre. Nous avons été vainqueurs, & nous voilà libres & grands: ſi nous euſſions été vaincus, nous ſerions eſclaves & petits. N'oublions donc pas le Corps précieux, aux ſervices & à l'exemple duquel nous devons notre ſalut & la victoire.

Le courage & le Patriotiſme dont ſes

Membres nous ont donnés tant de preuves, nous ſont à jamais garans de leur fidélité : & aulieu du froid monument qu'on a propoſé de leur élever (1), rétabliſſons ce Corps de Héros. N'atteſtons pas à nos deſcendans que le Régiment des Gardes-Françaiſes a été; car ils demanderoient pourquoi il n'eſt plus: mais conſervons le leur ; qu'il ſoit leur ſoutien, comme il a été le nôtre; éterniſons, s'il eſt poſſible, dans la Conſtitution Françaiſe, & avec L'UNIFORME INTÉRESSANT qu'il porte encore aujourd'hui, un Régiment, qui, par ce qu'il a fait, nous aſſure qu'il ſera toujours l'appui de la Patrie, & le défenſeur de notre liberté.

Ainſi, il eſt de notre devoir, comme de l'intérêt & de la gloire de la Nation, d'ordonner.

---

(1) Un honorable Membre du Diſtrict de Saint-Severin, en a fait la motion : elle valoit, au moins, une réponſe de la part de MM. les Députés de la Commune, qui n'en ont fait aucune.

Article Premier.

Que le Régiment des Gardes-Françaises sera conservé avec le nom qu'il porte, l'uniforme qui le décore, & soumis à la même discipline quepar le passé.

Article II.

Que les Soldats du Régiment des Gardes-Françaises, absens par congé, ou autrement, seront invités à rejoindre leurs drapeaux, dans un tems fixé; après lequel ils ne seront plus reçus dans le Corps.

Article III.

Que le Régiment sera complété des meilleurs sujets qu'on pourra trouver.

Article IV.

Que les Soldats du Régiment des Gardes-Françaises seront invités à instruire les Citoyens de la Garde Bourgeoise, dans l'exercice des armes; moyennant un ſalaire s'ils l'exigent.

ARTICLE V.

Que la paye du Soldat ſera de vingt fols par jour, ſans aucune retenue.

ARTICLE VI.

Que les appointemens des Officiers Supérieurs feront les mêmes que par le paſſé; & que ceux des Officiers ſubalternes ſeront doublés.

ARTICLE VII.

Qu'en récompenſe des ſervices rendus par le Régiment des Gardes-Françaiſes à la Nation, outre la croix Patriotique, il fera payé à chacun d'eux telle ſomme qui ſera réglée dans l'Aſſemblée-générale des Citoyens.

ARTICLE VIII.

Que le Régiment des Gardes-Françaiſes

aura le droit exclusif de garder la personne du Souverain.

ARTICLE IX.

Que par une faveur particulière, les Soldats du Régiment des Gardes-Françaises, auront, pour toujours, la faculté d'élire leurs Officiers, tant supérieurs que subalternes, & de les choisir dans les membres de leur Corps.

ARTICLE X.

Qu'après un tems de service limité, les Gardes-Françaises auront une pension; & qu'il leur sera libre d'aller achever leurs jours dans le sein de leurs familles, pour y entretenir, par leur présence, l'amour de la Patrie & l'exemple des vertus.

VOILA, ce me semble, comme une Nation libre & éclairée auroit dû s'acquitter envers les Gardes-Françaiſes. Voilà comme elle doit toujours tâcher de concilier ce qu'elle doit à ceux qui l'ont bien ſervie, avec ce qu'elle doit à ſon intérêt & à ſa gloire.

FIN.

De l'Imprimerie de CAILLEAU, l'un des Imprimeurs-Électeurs de la Ville.